विचारों की लड़ी

विचारों की लड़ी

काव्य संग्रह

माया जाजू माहेश्वरी

MANJUL

मंजुल पब्लिशिंग हाउस

MANJUL

मंजुल पब्लिशिंग हाउस

कॉरपोरेट एवं संपादकीय कार्यालय

• द्वितीय तल, उषा प्रीत कॉम्प्लेक्स, 42 मालवीय नगर, भोपाल-462 003

विक्रय एवं विपणन कार्यालय

• सी-16, सेक्टर 3, नोएडा, उत्तर प्रदेश, 201301

वेबसाइट : www.manjulindia.com

वितरण केन्द्र

अहमदाबाद, बेंगलुरू, कोच्चि, कोलकाता, चेन्नई,
हैदराबाद, मुम्बई, नई दिल्ली, पुणे

विचारों की लड़ी

यह संस्करण मंजुल पब्लिशिंग हाउस द्वारा 2025 में प्रकाशित

ISBN 978-93-5543-406-7

मुद्रण व जिल्दसाज़ी : रेप्रो इंडिया लिमिटेड

मेरा पहला काव्य संकलन समर्पित है
मेरे पिताश्री नारायण दास जाजू को

अनुक्रम

प्रस्तावना

मैं नहीं जानती कि कविता लिखना मुझे विरासत में मिला या मेरे Genes में है। मेरे पापा श्री नारायण दास जाजू, साहित्य रत्न, जाने-माने कवि थे और उनकी कई पुस्तकें प्रकाशित हुई थीं। मुझे याद है, रिटायरमेंट के बाद अक्सर पापा किताबों में खोए रहते थे। जब मैं ऑफ़िस से उनसे मिलने घर आती थी, तो उन्हें टेबल पर घंटों तक कविताएँ लिखते हुए देखती थी। कोई इस तरह साहित्य की दुनिया में मशरूफ़ हो सकता है, ये मैंने उनसे सीखा। उनकी किताबों के विमोचन के समय मुझे बहुत गर्व महसूस होता था, और मैं सोचती थी, शायद कभी ये दिन मेरी ज़िंदगी मैं भी आएगा।

इक्का-दुक्का कविताएँ मैं यदा-कदा लिखती रहती थी। जब भी ऑफ़िस में आयकर की पत्रिका छपती, मुझसे संपर्क किया जाता था, अपनी रचनाएँ देने के लिए। बस यही रिश्ता था, मेरा साहित्य से। लिखने की इच्छा रहती थी, पर समय ही नहीं मिलता था, ऑफ़िस, घर और बच्चों से। मेरा यह साहित्य प्रेम परवान चढ़ा कोविड में; जब ऑफ़िस की व्यस्तता कम हो गई और घर पर बैठकर लगा कि अब वक़्त ही वक़्त है, कुछ अपने लिए करने का। उस समय कई व्हाट्सप्प क्रिएटिव ग्रुप बने, जहाँ सब अपने रचनात्मक कृत्य डालने लगे। मानो की जैसे होड़ लग गई थी, कुछ नया करने की।

इसी होड़ में, मैं भी कूद पड़ी। यह सिलसिला जो शुरू हुआ, फिर ख़त्म नहीं हुआ। सोते-जागते मन में नए-नए विचार आने लगे। पेपर-पेन हमेशा अपने साथ रखने लगी कि जब भी कुछ विचार आए, उसे

तुरंत लिखूँ, क्योंकि कुछ मिनट बाद वो एकदम गायब हो जाते। इन्हीं विचारों को जोड़कर, शब्दों का तालमेल बनाकर, कविताएँ पूरे पुरज़ोर से लिखना शुरू किया।

ये कविताएँ परिवार और दोस्तों के व्हाट्सप्प ग्रुप में शेयर करती और उनकी प्रेरणा और वाह–वाही से और लिखती चली गई। ये कविताएँ कई व्हाट्सप्प ग्रुप और डायरी के पन्नों में तितर–बितर हैं। अब समय आ गया है, इन्हें समेटकर एक जगह लाने का। इसी तारतम्य में ये कविताओं का संकलन **'विचारों की लड़ी'** तैयार किया है। उम्मीद है आपको पसंद आएगा।

इस यात्रा में, मैं धन्यवाद देना चाहूँगी, सबसे पहले अपने हमसफ़र का, जो मेरी हर कविता के पहले श्रोता बने। मेरे परिवार के सभी सदस्यों, दोस्तों और शुभचिंतकों का, जिन्होंने हमेशा विश्वास दिलाया कि मैं अपने पापा की इस विरासत को आगे बड़ा सकती हूँ। मेरे ऑफ़िस में समीर का, जिसने चित्र संकलन में मेरी बहुत सहायता की। ईश्वर का, जिनके आशीर्वाद के बिना यह संभव नहीं था और मेरे पापा का, जिन्होंने ऊपर से हरी झंडी दिखा दी है, इस संग्रह को आपके समक्ष लाने के लिए।

–माया जाजू माहेश्वरी

विचारों की लड़ी

1. आज भी याद हैं

बचपन की वो बातें, आपके संग बिताए पल,
प्यार का वो सफ़र, हर तरफ़ हँसी-ख़ुशी का मंज़र,
आज भी याद है।

आपका ऑफ़िस टूर से लौटने का बेसब्री से इंतज़ार,
क्योंकि आप लाओगे हमारे लिए अनगिनत उपहार,
आज भी याद है।

ICWA के लिए आपका बेहिसाब प्यार और
Chapter के लिए निकालना रोज़ के घंटे चार,
आज भी याद है।

Commerce और Accounts से आपका लगाव और
Students को Debit-Credit के समझाना दाँव,
आज भी याद है।

क्रिकेट मैच के दौरान TV ना छोड़ना और
रात भर जागकर, दूसरे देशों के मैच देखना,
आज भी याद है।

बैजू-बावरा, मुग़ल-ए-आ'ज़म के गाने सुनना और
शब्दों का ताना-बाना बुन, उन्हें कविताओं में पिरोना,
आज भी याद है।

Diabetes के बावजूद, छुप-छुप के मीठा खाना और
शादी में सबसे अलग होकर, मीठे से शुरुआत करना,
आज भी याद है।

बचपन में LTC पर कश्मीर से रामेश्वरम ले जाना और
पूरा देश घुमाना, आपका घूमने-फिरने का वो शौक़,
आज भी याद है।

हर समय ख़ुशमिज़ाज रहना, बच्चों-सा भोलापन रखना,
हर फ़िक्र को छूमंतर करना, आपके जीने का वो अंदाज़,
आज भी याद है।

आपका असमय चले जाना, फिर लौट के ना आना,
ज़िन्दगी से हार न मानना और ख़ुशी बाँटते जाना।
आज भी याद है।

2. माँ

माँ है सुबह की पहली किरण,
माँ है सांझ की ठंडी छाया,
माँ में छिपा है अस्तित्व मेरा,
माँ के प्यार से ही जीवन निखरा।

माँ है ना सिर्फ़ जन्मदाता,
माँ है समरूप साक्षात विधाता,
माँ है माया, मोह और ममता,
माँ के भाग्य से ही भविष्य संवरा।

माँ है जीवन की अनमोल धरोहर,
माँ ने सिखाया हार पर पाना संजय,
माँ के बिना जीवन में छाए अंधेरा,
माँ के विश्वास से लगे दुख पर पहरा।

3. हिजाब

कब तक मेरे चेहरे को हिजाब से छुपवाओगे,
कब तक मेरे वजूद को मज़हब की भेंट चढ़ाओगे,
ख़ुदा की इबादत करने वालों, शर्म आँखों में पैदा करो,
कब तक इस पिछड़ी सोच से तुम मुझे बर्गलाओगे?
हिजाब मेरा हक़ है, बेटियों से कहलवाने वालों,
कब तक उससे राजनीति की रोटियाँ तुम सिकवाओगे,
बेटी को पढ़ाओ, बढ़ाओ, आसमान की सैर कराओ,
कब तक उसके पैर में बेड़िया तुम डलवाओगे?
कब तक, आख़िर कब तक...?

4. ज़िन्दगी

ज़िन्दगी है चाशनी में डूबी हुई मिठाई भी,
ज़िन्दगी है करेले और नीम की कड़वी सच्चाई भी।

ज़िन्दगी है ऊँचाइयों को छूने की ख़्वाईश भी,
ज़िन्दगी है दर्द और बोझ में डूबी तन्हाई भी।

ज़िन्दगी है प्यार में छिपे अहसास की गहराई भी,
ज़िन्दगी है नक़ली, बनावटी रिश्तों की जग-हँसाई भी।

ज़िन्दगी है सात वचनों की रस्म अदायगी भी,
ज़िन्दगी है तेरे-मेरे प्यार की रुसवाई भी।

ज़िन्दगी है राखी के धागे से सजी कलाई भी,
ज़िन्दगी है तिरंगे में लिपटे फ़ौजी की विदाई भी।

ज़िन्दगी है माँ के आँचल में छिपी करुणाई भी,
ज़िन्दगी है ख़ुद से ख़ुद की लड़ाई भी।

ज़िन्दगी है मिलन की ख़ुशी और फिर जुदाई भी,
ज़िन्दगी है जो कभी लगती अपनी, कभी पराई भी।

5. वो कहते हैं मुझसे

वो कहते हैं मुझसे,
ये तेरे बस का नहीं,
जानते नहीं हैं मुझे,
तूफ़ानों से लड़कर ही,
मैंने कश्ती पार की है।

वो कहते हैं मुझसे,
ये कल करना,
नादान वो जानते नहीं,
मैंने आज ही में
ज़िन्दगी जी है।

वो कहते हैं मुझसे,
तुझे मिल गया तेरा मुक़ाम,
जानते नहीं हैं मुझे,
मैंने हर दिन,
नई मंज़िल तय की है।

वो कहते हैं मुझसे,
यही तेरी किस्मत है,
जानते नहीं हैं मुझे,
मैंने अपने कर्मों से
ख़ुद तक़दीर लिखी है।

वो कहते हैं मुझसे,
अपनी रफ़्तार कम कर,
जानते नहीं, मेरी ज़िंदगी को,
थमूँगी तभी, जब
मैंने साँसें बंद की हैं।

6. हौसला

मेरे सपनों को पंख दे,
मेरे विचारों को उड़ान दे,
विचरने दे मुझे खुली हवा में,
मेरे क़दमों को ना विराम दे।

मेरे गंतव्य को पहचान दे,
मेरी आशा को सम्मान दे,
बुलंद है मेरे हौसले,
मुझे नित नए आयाम दे।

मेरे चक्षुयों को ज्ञान दे,
मेरी जिज्ञासा को मान दे,
लक्ष्य को भेदना है मुझे,
मेरे हाथों में तीर कमान दे।

7. मिसल-ए-गुफ़्तुगू

करते थे दिलो-जान से जिसकी इबादत,
वो दिलनशी न जाने कहाँ खो गई,
दिल को वीरान, मन को बयाबान कर,
ज़िन्दगी को मेरी मिस्मार[1] कर गई।

रास्ते हुए मुख़्तलिफ़[2], फ़ुर्क़त[3] ही मयस्सर[4],
प्यार को मेरे ऐसी लगी नज़र,
अब कहाँ से लाऊँगा, फिर वो यक़ीन,
बेवफ़ाई की मिसाल जो कायम कर गई।

भुलाए नहीं भूलती, उसकी मिसल-ए-गुफ़्तगू[5]
मेरी हर साँस पर नाम जो अपना कर गई,
दुश्मन को भी ना मिले कभी ऐसी तन्हाई,
जो ख़ुद से ही मुझे जुदा कर अन्जान हो गई।

---

1. मिस्मार - तबाह 2. मुख़्तलिफ़- different 3. फ़ुर्क़त- separation 4. मयस्सर- available 5. मिसल-ए-गुफ़्तगू - जानी-पहचानी बात

8. बेइंतहा इश्क़

कहने को मेरा कुछ भी नहीं,
जो भी दिया सब तेरा है,
किस राह पर बढ़ाऊँ क़दम,
हर मंज़िल में अक्स तेरा है।

तू शामिल है मेरे ज़ेहन में,
तेरा ही हर तरफ़ पहरा है,
अब और क्या गुफ़्तुगू करूँ,
हर शब्द पर नाम तेरा है।

तुझे चाहा दिलो-जान से,
क्या बस यही गुनाह मेरा है,
अब तुझे मैं भुलाऊँ कैसे,
हर याद में चेहरा तेरा है।

9. प्रकृति और बचपन

समुद्र की उँछरिंकल धाराओं सी चंचल,
हिमालय की ऊँची हिमशिखाओं सी उज्ज्वल,
पत्तों पर जमी ओस की बूँद सी निर्मल,
कलकल बहती हुई अनवरत नदी सी शीतल,
आकाश में उड़ान भरते पँक्षियों सी कुशल,
वन में विचरते उन्मुक्त हिरणियों सी निश्छल,
बाग़ में खिले रंग-बिरंगे फूलों सी कोमल,
फूलों पर मंडराई तितलियों सी ओझल,

है, एक रंग, एक रूप, प्रकृति और बचपन,
क्योंकि दोनों ही है ईश्वर के अनमोल रतन।

10. ये ज़िन्दगी

जज़्बातों की ग़फ़लत में,
उलझकर बिखर गई, ये ज़िन्दगी।

उल्फ़त की तलाश में,
दर-दर ठोकर खा रही, ये ज़िन्दगी।

क्या खोया, क्या पाया,
इसी उधेड़बुन में गुम है, ये ज़िन्दगी।

सपनों की तलाश में,
आज भी काम पर लगी है, ये ज़िन्दगी।

दोनों हाथों से समेट लूँ,
इसी मोह-माया में फँसी, ये ज़िन्दगी।

सब कुछ यहीं छूट जाएगा,
जानकर भी अनजान है, ये ज़िन्दगी।

11. हैं तुझे

तू अपनी जगह सही,
मैं अपनी जगह सही,
फिर ये टकराहट कैसी।

है तुझे भी यक़ीन,
है मुझे भी यक़ीन,
फिर ये सकुचाहट कैसी।

तू भी है ख़ामोश,
मैं भी हूँ ख़ामोश,
फिर ये फुसफुसाहट कैसी।

है तुझे भी प्यार,
है मुझे भी प्यार,
फिर ये कड़वाहट कैसी।

तू नहीं हैं बेचैन,
मैं नहीं हूँ बेचैन,
फिर ये सुगबुगाहट कैसी।

है तुझे भी विश्वास,
है मुझे भी विश्वास,
फिर ये घबराहट कैसी।

12. गुरु

जब गुरु पर लिखने का किया विचार,
तब मन में आए अनगिनत उदगार,
कहाँ से शुरू करूँ, कहाँ करूँ अंत,
हर गुरु से सीखा, नित नया अनंत।

सबसे बड़ी गुरु, मेरी माँ का साथ,
जिसने थामा, हर पल मेरा हाथ,
मेरे पिता, जिन्होंने दिया नया ज्ञान,
जिनके आशीर्वाद से बड़ी मेरी शान।

मेरा भाई, जिसने आसमान छूना सिखाया,
मेरी बहन, जिसने जीवन का पाठ पढ़ाया,
मेरे हमसफ़र, जो बने मेरी सबसे बड़ी ताक़त,
मेरे बच्चें, जो जीवन में लाए बहुत बरक़त।

कैसे भूलूँ, स्कूल के वो महान शिक्षक,
जिन्होंने मुझे दिया, कई विषयों का ज्ञान,
खोल के चक्षु, बढ़ा के मेरी चिर जिज्ञासा,
मुझे समाज में दिलाया मान-सम्मान।

वो प्रोफ़ेसर, जो सीखाते इंजीनियरिंग के गुर,
बौद्धिक क्षमता बढ़ा, मिलाए जीवन के नए सुर,
और भी कई हैं, जो सीखा के अच्छे-बुरे का फ़र्क,
नज़रों से ओझल हो गए, बिना जताए कोई हक़।

कैसे छोड़ दूँ किस्से-कहानी उन दोस्तों की,
जिन्होंने मौज-मस्ती क्या है ये समझाई,
सुख-दुख में कँधे मिलाकर साथ रहे खड़े,
ख़ून का रिश्ता ना सही, थे सोने से भी खरे।

नमन है उन सबको, जिन्होंने सिखाया सदाचार,
आज झूँकू हाथ जोड़कर, करूँ मैं उनका आभार।

13. हरजाई

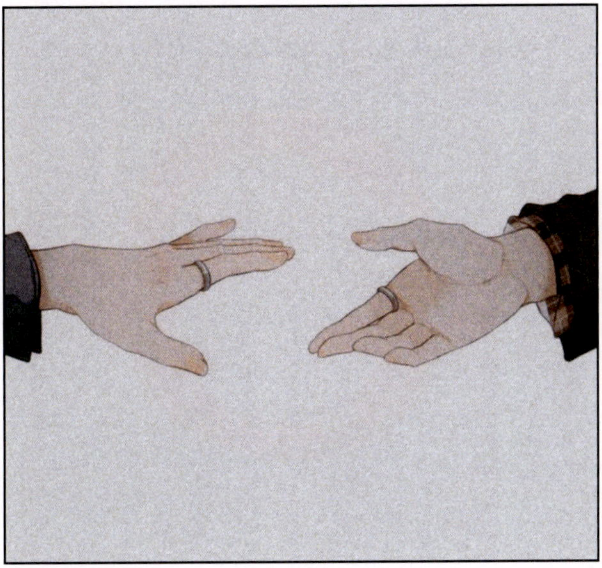

उसे चाहा ख़ुद से ज़्यादा सब भुलाकर,
पर कुछ कसर रह गई शायद बाक़ी,
वरना वह निकलता ऐसा हरजाई नहीं।

वह देगा नहीं मेरा साथ, थी तो आशंका,
पर मेरी बर्बादी का जश्न मनाएगा,
इसका रहा तनिक भी अहसास नहीं।

शायद उसकी भी रही होगी कुछ मज़बूरी,
ये सोच समझाया अपने बेचैन मन को,
वरना इतना बे'अदब कोई होता नहीं।

फिर भी करती हूँ दुआ, आबाद रखे उसे,
उसकी सुनहरी यादों का देकर वास्ता,
हूँ इतनी बे-मुरव्वत तो मैं भी नहीं।

14. ऐसा क्यूँ होता है

ऐसा क्यूँ होता है,
किसी को बिना माँगे मिलता है भरपूर प्यार और
कोई तरस जाता है पाने को इक़ पल का भी क़रार।

ऐसा क्यूँ होता है,
किसी को बिना कुछ किए मिलती है यश और शोहरत और
कोई ताउम्र मेहनत कर भी कमा न सका थोड़ी सी इज़्ज़त।

ऐसा क्यूँ होता है,
कि किसी ने भरापूरा परिवार है पाया और
किसी बच्चे से उठ गया माँ का भी साया।

ऐसा क्यूँ होता है,
कि किसी के पास होता है गाड़ी और बंगला और
किसी ग़रीब को छत का भी नहीं आसरा।

ऐसा क्यूँ होता है,
कि किसी के देखे हुए सपने हो जाते हैं पूरे और
कोई ख़्वाब देखता है वो भी अधूरे।

ऐसा क्यूँ होता है,
कि किसी को मिलता है हर समय मनपसंद खाने को और
ग़रीब तरस जाता है रोटी के एक निवाले को।

सोचा बहुत कि ऐसा क्यूँ होता है,
क्या है ये पिछले जन्म के कर्मों का लेखा-जोखा
या जुड़े हैं इसमें भाग्य के तार,
पर इसे मिटा ना पाए, ब्रह्मा, विष्णु, महेश,
क्योंकि इसी में छिपे हैं जीवन के गूढ़ रहस्य।

15. कोरोना काल-सच्चाई

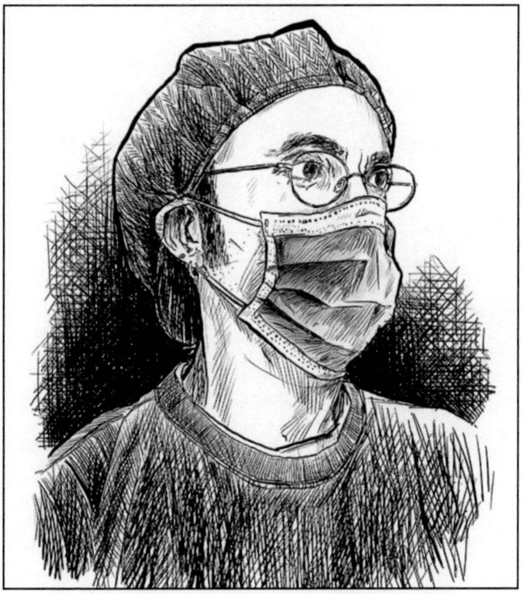

मौत के इस मंज़र में, कफ़न का व्यापार देखा,
ज़िन्दगी तो ज़िन्दगी, लाशों का भी कारोबार देखा,
दवाइयों की कालाबाज़ारी, नक़ली दवाइयों का बाज़ार देखा,
इंसानियत को एक बार नहीं, बार-बार मरते देखा।

सिसकते, बिलखते लोगों पर दुख का पहाड़ गिरते देखा,
बेड और ऑक्सिजन के अभाव में मरीज़ों को मरते हुए देखा,
अंत में अपनों का साथ नहीं, ग़ैरों को जलाते देखा,
अमीर हो या ग़रीब, हर इंसान को बस बेबस, लाचार देखा।

इस घोर त्रासदी में, इंसानियत का एक नया रूप भी देखा,
डॉक्टर और नर्सों में जीवन रक्षक ईश्वर का स्वरूप देखा,
अजनबियों के लिए ऑक्सिजन, दवा का इंतज़ाम करते देखा,
भुख़मरी के आलम में, लोगों को निस्वार्थ लंगर चलाते देखा।

सोशल मीडिया पर मदद का सैलाब उमड़ते देखा,
दो-गज़ की दूरी सही, पर दिलों को क़रीब आते देखा,
चेहरे पर मास्क है, पर ख़ुद-ग़रज़ी का मास्क उतरते देखा,
इस विपदा का जल्द अंत हो, हर एक को गुहार लगाते देखा।

16. ऐ दोस्त

मत छेड़, मेरे दिल के राग, ऐ दोस्त
उसमें ना जाने कितने राज़ दफ़न हैं।

मत पूँछ, मुझसे मेरे दिल का हाल, ऐ दोस्त
उसका ज़िक्र भी ज़ख़्म फिर हरे कर देता है।

मत समझ, मेरा दिल नादान है, ऐ दोस्त
तजुर्बे से मैंने जीवन का फ़लसफ़ा सीख लिया है।

मत खँगाल, इस दिल की बेचैनी को, ऐ दोस्त
दर्द की बुनियाद पर ही ये ज़िन्दगी टिकी हुई है।

मत सोच की मेरा दिल भटक क्यूँ रहा है, ऐ दोस्त
हर कदम पर मैंने नई मंज़िल की तलाश की है।

17. आओ ख़ुद से रूबरू होते हैं

भागते रहे ज़िन्दगी की कशमकश में,
ढूढ़ते रहे सुकून इस जद्दोजहद में,
चलो दो पल की साँस लेते हैं,
आओ ख़ुद से रूबरू होते हैं।

दूसरों की ख़ामियाँ खँगालते-खँगालते,
ख़ुद की अच्छाई ही भूल गया,
चलो फिर उस फ़रिश्ते को ढूंढते हैं,
आओ ख़ुद से रूबरू होते हैं।

बड़े होकर ये करेंगे, वो करेंगे,
ये सोचकर ज़िन्दगी ही फिसल गई,
चलो फिर से बच्चे बनते हैं,
आओ ख़ुद से रूबरू होते हैं।

उसके इश्क़ में आहे भरते थे,
ख़ुद से ज़्यादा उसे प्यार करते थे,
चलो फिर से रूमानियत खोजते हैं,
आओ ख़ुद से रूबरू होते हैं।

मंदिर–मज़ार सब जगह हो आया,
पर मन को क़रार ना आया,
चलो फिर उस ख़ुदा को ढूढ़ते हैं,
आओ ख़ुद से रूबरू होते हैं।

18. ग़रीब

दो जून रोटी पाकर ख़ुश हो जाते हैं,
फटे-पुराने कपड़ों से ही काम चलाते हैं,
मोबाइल के सस्ते डाटा में वक़्त गवाते हैं,
हम ग़रीब हैं हुज़ूर, ऐसे ही जीते जिलाते हैं।

सपने नहीं ऊँचे, चादर जितना पाँव फैलाते हैं,
वक़्त के मारे सही, ख़ुशी में भी आँसू बहाते हैं,
मुफ़लिसी में पैदा होकर, उसी में मर–खप जाते हैं,
हम ग़रीब हैं हुज़ूर, ऐसे ही जीते जिलाते हैं।

दिन–रात मज़दूरी कर ज़मीन पर सो जाते हैं,
कोई बीमार पड़े तो सोचो, कैसे इलाज़ कराते हैं,
ना जाने किस जनम के कर्मों की सज़ा पाते हैं,
हम ग़रीब हैं हुज़ूर, ऐसे ही जीते जिलाते हैं।

19. औरत

कभी दुर्गा बन ज़माने से अकेले लड़ती,
कभी रात के अंधेरे में चुपचाप सिसकती।

कभी आसमान में उड़ने की चाहत रखती,
कभी धरती में समाने की कोशिश करती।

कभी रिश्तों में बँध भावनाओं में बहती,
कभी उन्हीं बेड़ियों को उखाड़ फेंकती।

कभी माँ बन असहनीय पीड़ा से गुज़रती,
कभी बच्चों के आगे असहाय बिलखती।

कभी ख़ुद के लिए रोज़ नए सपने बुनती,
कभी दूसरों के लिए ख़ुद को मिटा देती।

औरत, तू किस रूप में क्या पहचान रखती,
तेरी शख़्सियत पर कायनात भी नतमस्तक होती।

20. बहुत दिन हुए

बहुत दिन हुए सोचा,
जीवन की बिखरी हुई किताब के,
कुछ पन्ने पलट लूँ,
कुछ लम्हें जो दिल के क़रीब थे,
उन्हें दोबारा जी लूँ,
कुछ अपने जो असमय साथ छोड़ गए,
उन्हें फिर से छू लूँ,
कुछ यादें जो बे-वक़्त आँखें भिगो दें,

उन्हें जड़ से मिटा दूँ,
कुछ फ़रेबी जो अपने बन दग़ा दे गए,
उन्हें मज़ा चखा दूँ,
कुछ हमदर्द जो पराए होकर साथ निभा गए,
उन्हें शुक्रिया अदा करूँ,
कुछ सपने जो यदा-कदा अधूरे रह गए,
उन्हें फिर से पूरा करूँ।

21. उम्मीद

यही सँवारती है जीवन,
यही बिगाड़ती है जीवन,
उम्मीद की ही बदौलत,
उतार-चढ़ाव से भरा है जीवन।

उम्मीद ना हो तो,
ज़िन्दगी लगती फीकी है,
सच कहा है किसी ने,
उम्मीद पे ही दुनिया टिकी है।

उम्मीद के सहारे, इंसान,
नामुमकिन भी कर गुज़रता है,
ख़ुद से हो उम्मीद तो,
पत्थर भी बन जाता हीरा है।

पर उम्मीद ने ही दी,
इंसान को परेशानी भी है,
वफ़ा की उम्मीद में उसने,
कई बार मुँह की खानी है।

अपनों से की उम्मीद तो,
रिश्ते लहूलुहान हो जाते हैं,
अब ग़ैरों का क्या कहें,
हर घाव पर नमक लगाते हैं।

अतः दूसरों से ना कर उम्मीद,
इंसान, ख़ुद को ही सँवार,
क्यूँकि तेरे बुलंद हौसलों से ही,
तेरी नैया लगेगी पार।

22. क्या नहीं देखा है

इस बदलते मौसम में इन आँखों ने क्या-क्या नहीं देखा है,
हर फ़रिश्ते के पीछे छिपे असली चेहरे को देखा है।

राम-राम करके लोगों को पीठ पर छुरा घोपते देखा है,
इस मक्कार शहर में, कई इंसान को रंग बदलते देखा है।

हर नायाब हीरे को सरेआम बाज़ार में बिकते देखा है,
ख़ूबसूरती के पीछे अच्छे-अच्छों का ईमान डगमगाते देखा है।

दोस्तों का क्या कहें, उन्हें भी दोस्ती पर ख़ंजर चलाते देखा है,
अपनों को भी समय-समय पर रिश्तों पर वार करते देखा है।

अब दूसरों की कहाँ तक बयान करें दास्तान-ए-दिल,
अपनी बुराई को मिटाते हुए, अपनी अच्छाई को मरते देखा है।

23. बेबसी

वक़्त के दायरे में सिमट गया हूँ,
अपनी ही उलझनों में उलझ गया हूँ,

घर की चौखट अब लगती है क़ैद,
खुली हवा में उड़ने को तरस रहा हूँ।

ज़िन्दगी के आगे बेबस हो गया हूँ,
कुछ पाने की ख़ातिर बहुत खो गया हूँ,

मन के भीतर लगी इस आग को,
ठंडी हवा से बुझाने को मचल रहा हूँ।

निराश ज़रूर हूँ, पर लाचार नहीं हूँ,
मुश्किलें सही, पर बरबाद नहीं हूँ,

आज पतझड़, तो कल आएगा सावन भी,
उम्मीद की उसी लौ की तलाश में हूँ।

24. कोरोना

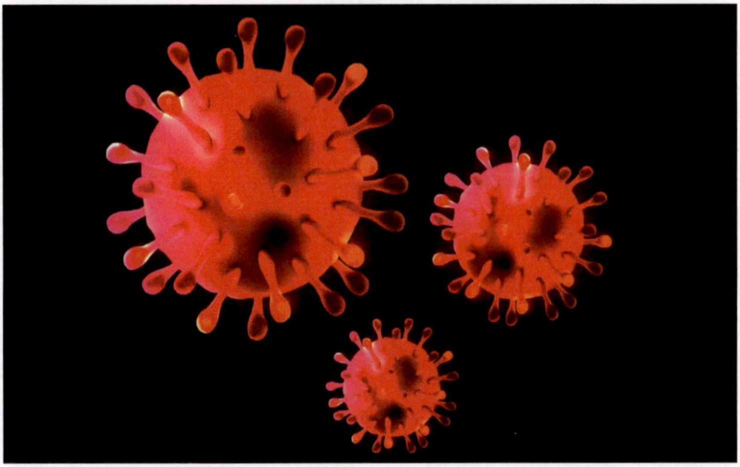

भाग रहे थे ज़िन्दगी की दौड़ में,
एक दूसरे को हराने की होड़ में,
अपनों से मिलने का समय कहाँ था,
घर में रहने का वक़्त नहीं था।

समय बदला, हालात बदले
प्रकृति ने मचाया हाहाकार,
लाचार बेसहारे जानवर की चीखें,
आज इंसान से माँग रही इंसाफ़।

सूनी बस्ती, वीरान सड़कें,
ज़िन्दगी जैसे थम सी गई है,
क़ैद है आदमी, परिंदे आज़ाद
क़ानून ने किया बराबर हिसाब।

शान-ओ-शौकत, अमीरी, सब है बेकार,
अब जिये कैसे, बस इसकी है दरकार,
मौका है संभल जाए, जीवन है छोटा,
छोड़े नफ़रत, करें प्यार पर भरोसा।

आओ, ख़ुद से ख़ुद को मिलाना है,
इस जंग में ज़िन्दगी को जिताना है,
समय ने सबको दिखाया है आईना,
ज़िन्दगी की लड़ाई से हारेगा कोरोना।

25. बचपन

बचपन की कुछ यादें समेट के लाई हूँ,
पुराने दौर के भूले-बिसरे गीत लाई हूँ।

वो पापा की उंगली थाम मार्केट में चलना,
फिर ख़िलौने की दुकान पर ज़ोर से मचलना,
फ़ाइव स्टार होटल की ख़्वाहिश ना करना,
चाट, पानी-पूरी के ठेले से ही काम चलाना।

माँ के साथ छुट्टी में पापड़, बड़ी, चिप्स बनाना,
और छत पर जाकर, उन्हें धूप में सुखाना,
दीवाली पर पूरे दिन सीरीज़ के बल्ब चेक करना,
और TV का antenna हर मैच के पहले घुमाना,

संडे को टिफ़िन पैककर, पार्क में पिकनिक मनाना,
और चटाई बिछाकर, पराठा सब्जी भरपेट खाना,
फिसल-पट्टी पर चुपके से फिसल जाना,
और झूले पर बैठकर, हवा के झोंके खाना,

दूरदर्शन पर हफ़्ते में दो बार चित्रहार देखना,
और रविवार, गुरुवार की फ़िल्म का इंतज़ार करना,
टेप रिकॉर्डर की कैसेट को पेन से ठीक करना,
और वॉकमेन को कान में लगा, शांति से गाने सुनना,

और भी हैं यादें अनमोल, मुश्किल है सब याद रखना,
पर जो यादें चेहरे पर हँसी ला दे, उसे बरकरार रखना।

26. धुँध

वक़्त के ख़ंजर ने हमेशा किए हैं कई वार,
कभी सामने, तो कभी पीछे से दी है मार।

घाव सहलाते-सहलाते भर गया है ये मन,
उदास है ये जीवन और थक गया है ये तन।

हे माना, तेरा मुझसे नहीं है कोई बैर,
कुछ नहीं, लगता है ये समय का है फेर।

समय के वार के लिए सब हैं लाइन में खड़े,
किसका नम्बर आ जाए, ये समझ से है परे।

ये धुँध भी छटेगी और फ़िज़ा फिर महकेगी,
अभी आँधी सही, रिमझिम फुहार फिर बरसेगी।

27. मोक्ष

बहुत दिन हुए सोचा,
मन के भावों को शब्दों में ऊकेरूँ,
पुरानी यादों को माला में पिरोऊँ,

पर ये क्या हुआ,
चंचल मन सहसा हुआ भाव-विहीन,
जैसे भरी भीड़ में खो गया है कहीं,

शून्य की ओर अग्रसर,
अपनी ही ना कोई खोज-ख़बर,
सारे रिश्ते-नाते हुए क्षणभंगुर,

मन तृष्णा से कोसों दूर,
हर आशा–निराशा से होकर परे,
खुली हवा में आज़ाद विचरण करे,

जैसे मेरा कुछ नहीं,
क्या यही है असली मोक्ष की प्राप्ति
या है जीवन का अनदेखा सार,

मैं समझ ना पाया,
पर कुछ पलों का ये अलौकिक अनुभव,
जानता हूँ, असंभव को भी करे संभव।

28. मेरा देश

सियाचिन की वादियों में माइनस 20 पर
जब मेरे देश का तिरंगा लहराता है,
तो मन उत्साह और उमंग से भर जाता है,
नतमस्तक हूँ, उन सैनिकों के आगे,
जो हमें हर दुश्मन के वार से बचाता है।

विश्व के मानचित्र पर भारत का
जब कोई गौरव और शान बढ़ाता है,
तो विश्वास और आशा की किरण जगाता है,
आभारी हूँ, हर उस भारतीय का,
जो हमें अपने अस्तित्व पर गर्व कराता है।

देश में कोने–कोने में छिपे कुछ गद्दार
जब करते हैं ललकार और पीछे से वार,
तो मन अपराधबोध से ग्रस्त हो जाता है,
लाचार हूँ, ऐसे लोगों के आगे,
जो हमें अपनी नज़रों में गिराता है।

29. विरासत-इंक़लाब की

यदि पलटेंगे आज़ादी के इतिहास के पन्ने,
तो देखेंगे उन वीरों के दिखाए इंक़लाब के सपने,
गुलामी के उस काल में, जब हर तरफ़ था अंधकार,
अपने पराक्रम और लहू से जलाई रोशनी की मशाल।

बच्चे को पीठ पर बाँध चल पड़ी वो वीर मर्दानी,
मैं अपनी झाँसी नहीं दूँगी, चीख़ उठी वो बलवानी,
था आज़ादी का जुनून या अदम्य साहस का असर,
लड़ी आख़री साँस तक, मरकर भी हो गई अमर।

एक था भगत सिंह, जिसने बजाया आज़ादी का बिगुल,
सरफ़रोशी की तमन्ना लिए असमय हुआ दुनिया से गुल,
देश को गुलामी की बेड़ियों से हटाना थी उसकी हसरत,
कम उम्र में जान न्यौछावर की, ऐसी थी उसकी फ़ितरत।

बोस ने जापान से जर्मनी तक अपना परचम लहराया,
ख़ून के बदले आज़ादी माँगकर, अँग्रेज़ों को पानी पिलाया,
अपने जुनून से फ़िरंगियों को भारत छोड़ने को किया मजबूर,
क्या ऐसा लाल फिर कभी जन्म लेगा, ये सोचिएगा ज़रूर।

इन क्रांतिकारियों ने दी विरासत हमें इंक़लाब की,
दी ताक़त हर ज़ुल्म के ख़िलाफ़ आवाज़ उठाने की,
हमें सिखाया कि ख़ुद से पहले देश को रखना है,
देश से बढ़कर कुछ भी नहीं, ये भावी पीढ़ी को समझना है।

30. पापा को समर्पित

मिलेंगे कहीं फिर, यह सोचकर
आपके फ़ोटो को बार-बार देखा।

पाएँगे कहीं आपको, यह सोचकर
आपकी कविताओं को कई बार पढ़ा।

आप वापस आओगे, यह सोचकर
आपकी यादों को दिल में संजोए रखा।

आप यहीं कहीं हो, यह सोचकर
हर साल आपको हर जगह ढूँढा।

आज जाना, शरीर है नश्वर, पर आत्मा अमर
आप हमारे बीच ही हो, प्यार का एहसास लेकर।

31. युद्ध

सदियाँ लगी जिन शहरों को बसाने में,
दो पल भी ना लगे, तुम्हें उन्हें ढहाने में,
कौन है सही और कौन है ग़लत,
पता नहीं, सब बटें हैं, दो गुटों में,
आख़िर इंसानियत ही है मर रही,
ज़मीन व वर्चस्व की इस लड़ाई में।

क्या है ये अमरीका का उकसावा,
या है पुतिन की अतृप्त महत्त्वाकांक्षा,
क्या रखा है प्रश्न का उत्तर जानने में,
जब फैली हो हर तरफ़ नफ़रत की आग,
पुश्ते लग जाएँगी, जख्मों को मिटाने में।

विनाश का ये मंज़र और लाशों का अंबार,
कब तक चलता रहेगा मानवता पर प्रहार,
कैसे याद रखेगी आने वाली सदी ये इतिहास,
अब कैसे समझाए न जाने कितनी जाने जाएँगी,
भावी पीढ़ी को अमन और शांति का पाठ पढ़ाने में।

32. पता ही नहीं

तसव्वुर[1] में जिसका अक्स[2] छुपाए बैठे थे,
वो सामने आकर खो जाए, पता ही नहीं।

जिसे पाने के लिए शिद्दत से परस्तिश[3] की,
कब उसका दीदार भी नागवार हुआ, पता ही नहीं।

घर की ज़ीनत[4] होती थी, उसकी अदाएगी,
वही जहन्नुम-ए-हक़ीक़त बन गई, पता ही नहीं।

अहदे वफ़ा निभाने का ताउम्र वादा करने वाले,
कब दिल को रंज-ए-जुदाई दे गए, पता ही नहीं।

ये इंसान की फ़ितरत है, ऐ दोस्त
रफ़ीक़[5] कब रक़ीब[6] बन जाए, पता ही नहीं।

---

1. तसव्वुर - imagination 2. अक्स - reflection, परछाई 3. परस्तिश - पूजा
4. ज़ीनत - decoration 5. रफ़ीक़ - दोस्त 6. रक़ीब - दुश्मन

33. जब कोई

जब कोई तुमसे नज़रें चुराए,
तो समझ लो की दूर जाने में ही भलाई है।
जब कोई तुम्हारा फ़ोन ना उठाए,
तो समझ लो की उम्मीद छोड़ने में ही समझदारी है।
जब कोई भूला-बिसरा फिर सताए,
तो समझ लो की बेक़रारी अभी बाक़ी है।
जब कोई बेवफ़ा याद आ जाए,
तो समझ लो की दिल में रंजिश अभी भारी है।

34. कर्नल बिपिन रावत

मिटा ना सकी जिसे दुश्मन की गोली,
छीन गई उसे हवा की आँख-मिचौली।
उसकी हुँकार से दुश्मन भी घबराता था,
उसके आगे चीन भी पानी माँगता था।

पत्थर फ़ेंकने वालों को दिखाई उनकी औकात,
हमारे देश के लिए था वह अनूठी सौगात।
आओ नम आँखों से उस वीर को करें विदा,
चला गया मातृ-भूमि पर कर्ज़ करके अदा।

35. फ़्रेंडशिप डे

जीवन के हर पड़ाव पर,
मिला दोस्तों का सहारा,
कुछ ने तनिक मन बहलाया,
तो कुछ ने जीना सिखाया।

बचपन के वो दोस्त,
शरारती और प्यारे थे बहुत,
कभी प्यार, कभी रुसवाई,
वही थी जीवन की सच्चाई।

सोशल मीडिया के सहारे,
मिला पुराने दोस्तों का साथ,
वक़्त बहुत था बीत गया,
पर कम ना हुई दोस्ती की आग।

साथ ही वो भूले-बिसरे दोस्त
भी याद आते हैं बहुत,
जीवन के किसी मोड़ पर,
यक़ीन हैं, मिलेंगे ज़रूर।

36. नया साल

फिर हुआ नए साल का आगाज़,
फिर हुई नए वादों की बौछार,
फिर हुआ बुनना सपनों का ताना-बाना,
फिर हुआ शुरू ख़ुद को लुभाना,
फिर हुई कुछ नया करने की उमंग,
फिर उठी मन में आशा की तरंग,
फिर हुआ भूले-बिसरो का मलाल,
फिर आया पुराने रिश्तों का ख़्याल,
फिर मन में उठे अनगिनत सवाल
क्या लाएगा नया साल उनका जवाब।

37. असर

आहों में असर होता,
तो हर मर्ज़ की दवा होती,
तक़लीफ़ों से दूर कहीं,
इस जीवन की नई सहर होती।

प्यार में असर होता,
तो हर इमारत ताज़महल होती,
कुछ देरी से ही सही,
हर शाम की ख़ूबसूरत सुबह होती।

बेरुख़ी में असर होता,
तो ये कायनात ना होती,
थोड़े मुरझाए ही सही,
पर बाग़ में फूलों की बहार होती।

38. बेपनाह प्यार

आँखों की गहराई में समाना चाहता हूँ,
तुझको तुझसे ही चुराना चाहता हूँ,
छिप-छिप कर हो गई बहुत आँख-मिचौली,
अब तुझे खुलेआम अपनाना चाहता हूँ।

तेरे सपनों को उड़ान भराना चाहता हूँ,
तुझको जन्नत की सैर कराना चाहता हूँ,
आए न तुझ पर ज़रा सी भी आँच,
तुझे पलकों की छाँव में बिठाना चाहता हूँ।

सातों वचन, सातों जनम निभाना चाहता हूँ,
तुझको हर दर्द से बचाना चाहता हूँ,
इस प्यार में आए नहीं दुख की परछाई,
तुझे प्यार हरदम बेपनाह करना चाहता हूँ।

39. चाहत

उसका है मुझसे कुछ अनकहा सा नाता,
चोरी से चुपके से आकर मुझे सताता।

मैं हूँ समझदार, आती नहीं बहकावे में,
मेरे बिना उसको पर कहाँ चैन आता।

शायद मेरे अक्स में पा ली है उसने पनाह,
बे-वजह कोई इतना किसी को नहीं चाहता,

कैसे यक़ीन दिलाऊ मैं उसकी हो सकती नहीं,
नादान है वो, ये समझना ही नहीं चाहता।

और भी ग़म है ज़माने में मोहब्बत के सिवा,
उसका कमबख़्त दिल ये मानना ही नहीं चाहता।

40. ज़ख्म

हर फ़र्ज़ को अदा करना,
बन गई कब आदत मेरी,
मेरी आदत को मज़बूरी समझ,
उड़ाते रहे सब मज़ाक मेरी।

गैरों ने तो बख़्श दिया,
अपनों ने दिए ज़ख़्म कई,
प्यार के मलहम को तरसता रहा,
ज़ख़्मों से रिसते दर्द कई।

कहाँ कमी रह गई प्यार में,
कोई मुझे बताए तो सही,
प्यार की सौंधी ख़ुशबू को,
तरसते रहे मेरे जज़्बात सभी।

ख़ुद से ख़ुद को दूर किया,
पर तेरे नज़दीक आ न सकी,
हद से गुज़र गई प्यार में,
पर बदले में वफ़ा पा न सकी।

41. कोरोना काल

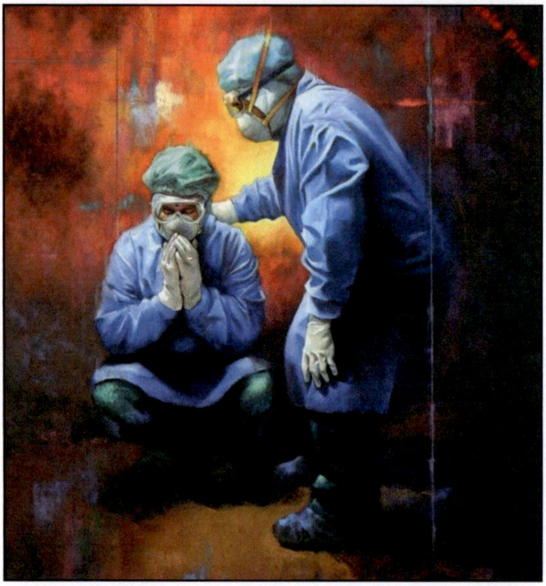

जब वक़्त नहीं था,
तब करने को बहुत कुछ था,
आज वक़्त बहुत है,
पर करने को कुछ नहीं है।

सोचते थे,
समय होगा, तो ये करेंगे, वो करेंगे,
आज समय है,
तो सोने में ही लगे हुए हैं।

जब भाग-दौड़
करके भी थकते नहीं थे,
आज आराम है,
तो जीवन से ही थक से गए हैं।

वो वक़्त था,
जब पैर नहीं टिकते थे घर में,
आज घर से बाहर जाने के लिए भी
तरस गए हैं।

बहुत ख़ुश थे
कि जीवन का अंदाज़ यही है,
ग़लत थे,
आज जीवन के मायने बदल गए हैं।

42. जुदाई

याद आई मिसले गुफ़्तुगू[1],
जैसे हो कल की बात,
बीत गए उल्फ़त[2] के दिन,
आई फ़ुर्क़त[3] की रात।

फ़िज़ा अब लगती है सहरा[4],
ख़ुद को कैसे संभालूँगा,
तल्ख़[5] हुए अब जज़्बात,
तेरे बिना सुकून कैसे पाऊँगा।

दिल में छिपे तेरे असरार[6] कई,
उन्हें कैसे दफ़नाऊँगा,
तुझे याद नहीं करूँगा पर,
तेरी यादों को कैसे मिटाऊँगा।

इतनी शिद्दत से चाहा तुझे,
अब दिल कहीं कैसे लगाऊँगा,
इस दीवानगी के साथ,
ख़ुद भी मिट्टी में मिल जाऊँगा।

---

1. मिसले गुफ़्तुगू -जानी-पहचानी बात 2. उल्फ़त- प्यार 3. फ़ुर्क़त - separation 4. सहरा - desert 5. तल्ख़ - bitter 6. असरार - secrets

43. नारी

नारी, तू है ईश्वर की महान शक्ति ,
तेरे हर रूप से ख़ुशबू है महकती,
बन के माँ, बेटी, बहन और सखी,
अपने हर अंदाज़ से तू और निखरती,
हर ज़िम्मेदारी का महत्त्व तू समझती,
ऑफ़िस या घर, बख़ूबी तू सम्हालती,
है ममता की मूरत व प्यार की आकृति,
पर तेरी सहनशीलता की ले कोई परीक्षा,
तो उसको चारों खाने चित्त भी तू पटकती,
तुझे कोई अबला समझने की करे ना भूल,
तेरे रोमरोम में दुर्गा और काली है बसती,
हे प्रकृति का सृजन और नया रूप देने वाली,
तेरी पूजा ही है, ईश्वर की सच्ची भक्ति।

44. पचास बसंत

देख लिए जीवन के पचास बसंत,
पर लगता कि कल की ही है बात,
कब बीत गया बचपन, कब यौवन,
पलक झपकते ही ओझल हुआ जीवन।

कुछ खट्टे, कुछ मीठे अनुभव,
सुख-दुख की है दास्तान पुरानी,
मिला मुझे प्यार बहुत अपनों का,
कम पड़ जाएगी ये उम्र सारी।

बहुत कुछ पाया इस ज़िन्दगी से,
डिग्री, इज़्ज़त, पैसा और शोहरत
हासिल किया है इक़ मुक़ाम अपना,
पर अब दूसरों के लिए है कुछ करना।

आज जीवन के इस मोड़ पर,
वादा किया है, फिर ख़ुद से,
जो भी ख़्वाब रह गए अधूरे,
पूरा करना है उन्हें शिद्दत से।

45. पर्व

नाज़ों में वो पला-बढ़ा,
वो सबका है राजदुलारा,
थोड़ा बदमाश, मन का सच्चा,
हर परीक्षा में खरा उतरता।

घर में सबसे ज़्यादा टैलेंटेड,
है उसके शौक कई सारे,
कभी सीखता स्पेनिश भाषा,
कभी बनाता चित्र निराले।

12 की उम्र में लिखा नॉवेल,
आर्ट कला में है निपुण वो,
सपने उसके अनदेखे अनगिनत,
छूना चाहता है आसमान को।

मेरे जन्मदिन के दिन,
मुझे नया जीवन देने वाले,
तुझे मुबारक़ सोलहवाँ साल,
पूरे हो तेरे सपने सारे।

(बेटे के सोलहवें जन्मदिन पर)

46. परिधि

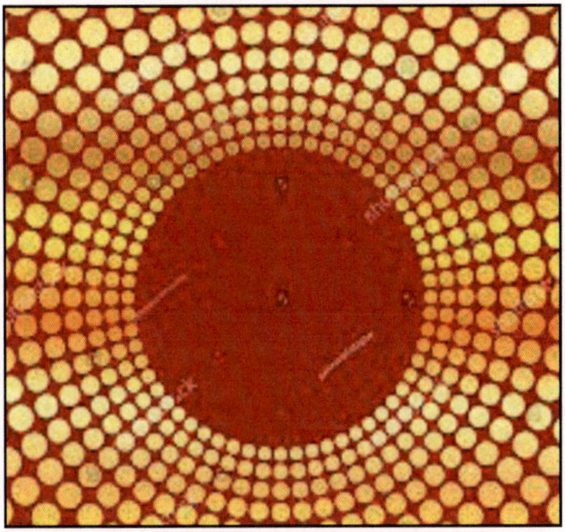

जीवन के गुलिस्ताँ में,
महकी एक प्यारी कली,
नाम था उसका चुनमुन,
परियों सी वो जगमगाती रही।

उसके नन्हे डगमगाते क़दम,
थाम के मेरे हाथों को,
देखते अथाह अनगिनत सपने,
आसमान में उड़ जाने को।

जैसे-जैसे वो बड़ी हुई,
थोड़ी जिद्दी, पर समझदार हुई,
पढ़ाई में हमेशा रहती अव्वल,
अपने भविष्य को बनाने उज्ज्वल।

हौसले उसके बुलंद थे,
मन में कोई शंका नहीं,
हर लक्ष्य को पाने की चाहत,
मेहनत करने की अद्भुत ताक़त।

समय के साथ वो निखर गई,
आगे भी हमारा नाम रोशन करेगी,
इस घर की परिधि जान है,
नूर बनके हमेशा चमकती रहेगी।

(बेटी के जन्मदिन पर)

47. पापा को जन्मदिन पर समर्पित

यादों के झरोखे में रची बसी इक़ तसवीर,
भुलाए ना भूलती, वो निश्छल प्यार की छवि।

छोटी-छोटी ख़ुशियों से हो जाते वो बहुत ख़ुश,
अपने आचरण से मिटाते हर किसी का दुख।

सादगी, सदाचार, नेकदिली से थे वो संपन्न,
बच्चों सा रखते भोलापन और युवा सा लड़कपन।

हर पल ज़िन्दगी का जिसने नया रूप दिखाया,
छाया, संजय, माया में उन्होंने नया जीवन पाया।

आज आपके जन्मदिन पर दे क्या आपको उपहार,
वादा है आपसे, आपके आदर्शों पर ही चलेंगे हर बार।

48. निर्भया

मौत बेटी की नहीं इंसानियत की हुई है आज,
फिर चाहे वो हो कठुआ, हाथरस या हैदराबाद,
बेटियों को बनाना है दुर्गा, काली का रूप दिखाना है,
समाज के इन दानवों को मिट्टी में मिलाना है,
राजनीति की रोटी सेकने वालों से उसे बचाना है,
कानून प्रभावशाली हो, दरिंदों को सरेआम फाँसी लगाना है,
बेटों को दे संस्कार, हर माँ को फर्ज़ निभाना है,
माँ बहन की इज़्ज़त करना, मिलकर उसे सिखाना है,
वक़्त की है माँग, बेटी को सशक्त बनाना है,
फिर किसी निर्भया को मौत की नींद नहीं सुलाना है।

49. माँ

माँ, तू हर समय बच्चों के बारे में ही सोचती है,
ऐसा लगता है कि बच्चों के लिए ही जीती है।

माँ, तू प्यार की मूरत, पर डाँटने का मौका नहीं चूकती है,
तेरे बच्चे सुधरेंगे नहीं, यह तू मान क्यूँ नहीं लेती है।

माँ, तू है बहुत साहसी, पर मन ही मन घबराती है,
बच्चों पर रत्ती भर आँच न आए, सदा यही चाहती है।

माँ, तू लड़ लेगी ज़माने से, अपने बच्चों के लिए,
तेरे साहस के आगे, तब दुर्गा भी सिर झुकाती है।

माँ, तू इतना क्यूँ सहती है, जिन्हें प्यार से पाला,
उन बच्चों के सुख के लिए, अपने से दूर करती है।

माँ, तुझे बनाकर, भगवान हो गया है निश्चित,
क्योंकि तू ही संसार में ईश्वर का स्वरूप बन आई है।

50. दोस्तों के नाम

कुछ नकचढ़े, कुछ दिल के क़रीब,
हर दोस्त देता है, कुछ नई सीख।
कुछ ईर्ष्यालु, कुछ मदद को तत्पर,
हर दोस्त का अंदाज़ है, सबसे हटकर।
कुछ प्रतिस्पर्धी, कुछ होते हैं मस्त मलंग,
हर दोस्त भरता है, जीवन में नए रंग।
कुछ टाइम-पास, कुछ होते हैं बहुत ख़ास,
हर दोस्त देते हैं, जीने की नई आस।

51. क्यूँ है

आज पक्षियों का चहचहाना कम क्यूँ है,
आज आसमान में काले बादल क्यूँ है,
आज बादलों से बरस रही आग क्यूँ है,
आज हर तरफ़ छाया अंधकार क्यूँ है?

आज दिमाग़ में उठ रहे इतने सवाल क्यूँ है,
आज ख़ुद पर हो रहे इतने प्रहार क्यूँ है,
आज मन में छाई इतनी बेचैनी क्यूँ है,
आज असहनीय पीड़ा का अहसास क्यूँ है?

आज अपनों से बढ़ती दूरियाँ क्यूँ है,
आज रिश्तों में इतना बनावटीपन क्यूँ है,
आज सबको नीचा दिखाने की होड़ क्यूँ है,
आज इंसान के मर रहे जज़्बात क्यूँ है?

आज हर तरफ़ छाई सियासत क्यूँ है,
आज समाज में फैली बग़ावत क्यूँ है,
आज नफ़रत का हर तरफ़ ज़हर क्यूँ है,
आज हर दामन पर लगा दाग़ क्यूँ है?

52. कुछ ग़म

जीवन में प्यार भी मिले,
ज़रूरी नहीं,
पर हर पल की तक़रार भी,
मंज़ूर नहीं।

ये हर पल का रोना भी तो
ठीक नहीं,
पर इतनी ग़फ़लत भी तो,
क़बूल नहीं।

क्या आया मेरे हिस्से में,
पता नहीं,
जीवन है नागवार पर मौत,
मंज़ूर नहीं।

क्या ख़त्म होगी ये दुशवारी,
यक़ीन नहीं,
इस माहौल में भी ख़ुश हैं,
काफ़ी नहीं।

53. वो कहते हैं

वो कहते हैं,
बहुत छोटी है ज़िन्दगी,
पर निभाने में
उमरें लग जाती हैं।

है जीवन का
फ़लसफ़ा शायद यही,
जीत कर भी,
हार ही याद आती है।

वो कहते हैं
जन्मों का है साथ,
प्यार के चंद लम्हों
के लिए तरस जाती है।

कहने को
ख़ून के हैं रिश्ते,
कब दूर हो जाए,
बस यही चिंता सताती है।

54. ग़रीब की नज़र से

ना कर गुरूर अपनी दौलत पर इतना,
हम ग़रीब हैं ज़रूर, पर बेईमान नहीं।
तुझे मुबारक़ तेरा नाम और शौहरत,
हम गर्दिश में सही, पर गुमनाम नहीं।
अब और ना बहलाओ अपने झूठे वादों से,
पढ़े-लिखे ना हम सही, पर नादान नहीं।
कितना इतराओगे अपनी शान-ओ-शौकत पर,
समझ लो, इंसान ही हो, कोई भगवान नहीं।

55. कुछ सवाल

अपने ख़ून से सींच कर, दी तुम्हें जीने की ताक़त,
क्या इस ज़िन्दगी में चुका पाओगे, तुम इसकी क़ीमत?

उसके मज़बूत हाथ पकड़कर, तुमने बढ़ाई अपनी क़द-काठी,
पर जब उसे ज़रूरत होगी, क्या तुम बनोगे उसकी लाठी?

अपने आँचल में छिपाकर, हर दुख से तुम्हें उबार लाई,
बुढ़ापे में तुम साथ ना दोगे, यह सोचकर वह क्यों घबराई?

अपनी ज़िंदगी के बहुमूल्य साल, तुम पर किए न्योछावर,
जीवन से समय चुराकर, क्या कर पाओगे हिसाब बराबर?

तुमसे शुरू होकर, तुम पर ही ख़त्म होता उसका संसार,
क्या चाहती है तुमसे, बस थोड़ा सा प्यार, थोड़ा अधिकार?

56. वो गुज़रा ज़माना

दादी की बंद संदूक, नानी की टूटी चारपाई,
जब भी याद आई, मन की आँखें भर आई।

नहीं था एयर कंडीशनर व कूलर की हवा,
पर गर्मी में छत पर सोने का था अलग मज़ा।

नहीं था मोबाइल और चैटिंग का ज़माना,
पर घर में सब साथ बैठकर खाते थे खाना।

थी चकाचौंध कुछ कम, पर रोशनी की थी आस,
पारिवारिक रिश्तों में थी कुछ अलग ही मिठास।

थे साधन बहुत कम, पर मन था ख़ुश और तृप्त,
आज सब कुछ पाकर भी, मानो ख़ुशी हुई लुप्त।

बनावटीपन था कम, मन कुछ कम कपटी था,
ये मेरी ही सोच है, या शायद मेरा बचपन था।

57. जज़्बा

मौक़े तो बहुत आएँगे, गुमनाम होने के लिए,
एक जज़्बा चाहिए, नाम रोशन करने के लिए।

कहने को बहुत हैं, हर वक़्त साथ देने के लिए,
एक अदद हमसफ़र चाहिए, ताउम्र निभाने के लिए।

यूँ तो बहुत मिलेंगे, बातों के तीर चलाने वाले,
एक मीठी बोली ही काफ़ी है, मुस्कराहट के लिए।

मिल तो बहुत जाएँगे, हर क़दम पर रस्ता रोकने वाले,
एक महज़ हौसला चाहिए, अपनी मंज़िल पाने के लिए।

58. कुछ मायने

किसे अच्छा मानू, किसे बुरा,
ये मेरी समझ से परे है,
अनजानों की बस्ती में जिये जा रहा हूँ।

किस पर करूँ भरोसा, कौन तोड़ेगा यक़ीन,
ये मैं नहीं जान पाया,
इसी सोच में बस ख़ुद को डुबोए जा रहा हूँ।

है इतनी बड़ी क़ायनात, क्या मेरी शख्सियत,
खुद को बचाऊ कैसे,
तिनके की तरह बस बिखरा जा रहा हूँ।

ना ख़ुशी का एहसास, ना कुछ पाने की तमन्ना,
ये क्या हो गया मुझे,
उम्र के किस मोड़ पर ख़ुद को पा रहा हूँ।

59. ख़ुद से पहचान

महफ़िल भी अब मुझे जचती नहीं,
तन्हाई की आदत जो हो गई है,
तुझपे मासूमियत अब फ़बती नहीं,
फ़रेबी जो तेरी हरक़त हो गई है,
अब किसी और पर यक़ीन होगा नहीं,
सितमगर जो बेवफ़ा हो गई है,
अब कोई मुझे बहका सकता नहीं,
दुनियादारी से पहचान जो हो गई है,
अब दिल किसी फ़रिश्ते को ढूंढता नहीं,
ख़ुद से पहचान जो हो गई है।

60. सुख-दुख का फेर

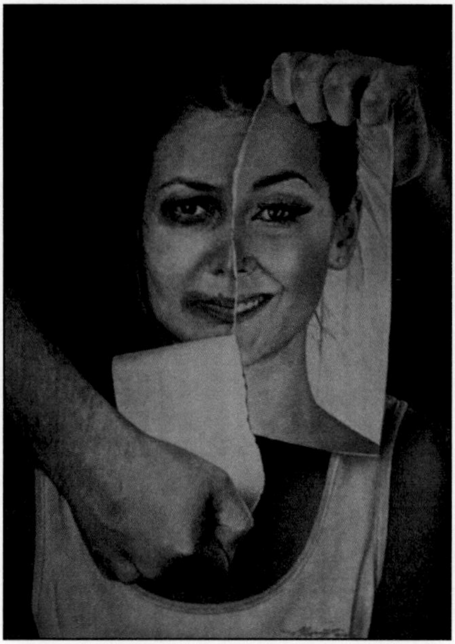

कुछ हासिल करो, तो कुछ छूट जाता है,
इस भाग-दौड़ में इंसान जीतकर भी हार जाता है।

अपने पराए का भेद कहाँ जान पाता है,
अंजान रिश्तों में ही उलझता चला जाता है।

कहीं रोशनी के तले गहन अँधेरा पाता है,
वहीं अंधेरे में कभी चिंगारी जला जाता है।

बचपन में जवानी के सपने देखते जाता है,
बुढ़ापे में बचपन को याद कर जिए जाता है।

सुख पाने की चाह में दुख ही हाथ आता है,
सुख-दुख के इस फेर में जीवन निकला जाता है।

61. रंगमंच

ये क्यूँ हुआ, जाने आगे क्या होगा,
यह सोचकर मन क्यूँ घबराया जा रहा,

मैंने किसी का क्या बिगाड़ा था,
फिर मेरे साथ क्यूँ बुरा हुआ जा रहा,

मेरे साथ ही हमेशा ऐसा होता है,
यह सोचकर दिल ही बैठा जा रहा,

नासमझ, तू अब भी ना समझ पाया,
नादानी में ही ज़िन्दगी जिये जा रहा,

ना तेरे बस में कुछ था, ना आगे रहेगा,
फिर क्यूँ बे-वजह अपना BP बढ़ाए जा रहा,

जीवन के रंगमंच पर तू बस एक किरदार है,
पर्दा गिरने तक रोल अपना अदा करता जा रहा।

62. थपेड़ों

लहरों के थपेड़ों से क्या डूबेगी कश्ती मेरी,
बड़े-बड़े तूफ़ानों को हँसकर झेला है मैंने।

राह के पत्थर क्या रोकेंगे क़दम मेरे,
मंज़िल के लिए पसीना बहुत बहाया है मैंने।

एक चिंगारी से क्या जलेगा घर मेरा,
ख़ून-पसीने से बनाया ये आशियाना मैंने।

तेरी साजिश से क्या हौंसले कम होंगे मेरे,
अंज़ाम तक पहुँचने की ठानी है जो मैंने।

63. ये जो ज़िन्दगी हैं

जब जीने की हो चाह,
तो मौत के क़रीब ला देती है,
ये जो ज़िन्दगी है,
चुन-चुन के हिसाब लेती है।

जब मरने की हो ख़्वाहिश,
तो जीने की सलाह देती है,
ये जो ज़िन्दगी है,
हर बार कुछ नया सिखा देती है।

जब हँसने की हो आरज़ू,
तभी बहुत रुला देती है,
ये जो ज़िन्दगी है,
हर समय इम्तिहान लेती है।

जब रोने का दिल करें,
तब हँसने की वज़ह देती है,
ये जो ज़िन्दगी है,
हर ग़म से उबार भी लेती है।

64. दिवाली

जब सफ़ाई कर करके हाल हो बेहाल,
जब घर सजाने की होड़ में थकान हो अपार,
जब अपनों से मिलने को दिल हो बे-क़रार,
तो समझ लो कि दिवाली है।

जब हर तरफ़ जगमगाते दियों की ज्योति हो,
जब पूरे शहर में चमचमाती रोशनी हो,
जब घर के आंगन रंगोली से सजे हों,
तो समझ लो कि दीवाली है।

जब मिठाई की दुकानों में लबालब भीड़ हो,
जब आसमान में रॉकेट की गूंज हो,
जब मन हर्षोल्लास से आनंदित हो,
तो समझ लो कि दिवाली है।

65. बचपन के वो दिन

थी बचपन की वो बातें,
जब आँखों में सच्चाई थी,
लड़ते-झगड़ते थे रात-दिन,
पर रिश्तों में गहराई थी,

माँ ने आँख क्या दिखाई,
कोने में खड़े हो जाते थे,
रोकर, चुप होने के लिए,
एक थप्पड़ भी खा जाते थे,

ठेले पर चाट खाने के लिए,
क्या-क्या काम कर जाते थे,
अपने-पराये का भेद नहीं,
सब मिल-बाँट कर ख़ुशी पाते थे,

पार्क में पिकनिक मनाते थे,
झूले पर बैठ गोते लगाते थे,
था समा वो कुछ और ही,
हर पल नई ज़िन्दगी जी जाते थे।

66. क़तरा-क़तरा

जितना मुझे भूलना चाहोगे,
उतना तुम्हें याद आऊँगा,
मुझे आज़मा के तो देखो,
रोम-रोम में बस जाऊँगा।

मानते हो मुझे पराया,
ये गवारा नहीं है मुझे,
इक नज़र प्यार से तो देखो,
क़तरा-क़तरा बिछ जाऊँगा।

ग़ैरों पे जान छिड़कते हो,
क्यूँ मुझे बे-वजह जलाते हो,
दो प्यार के बोल तो बोलो,
ख़ुशी-ख़ुशी मर जाऊँगा।

67. जय श्रीराम

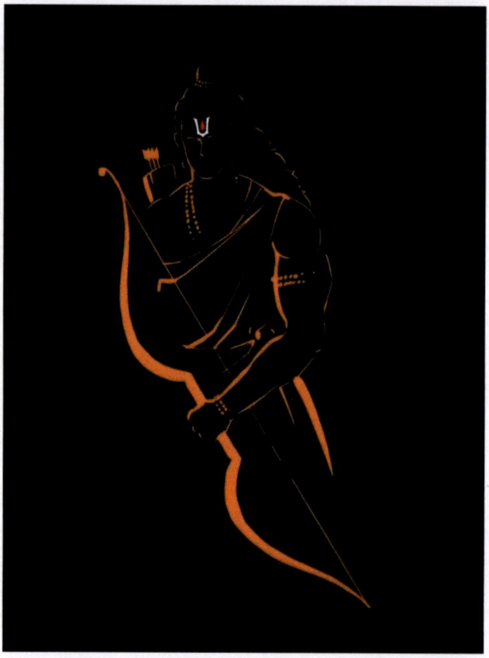

त्रेता युग में काटा चौदह वर्ष वनवास,
इस युग में सदियों ढूढ़ते रहे आवास।

जंगल-जंगल विचरते बाँटते रहे प्यार,
धरती से मिटा आतंक किया असुरों का संहार।

जहाँ-जहाँ गए छोड़ी, अपनी अमिट छाप,
हो शबरी की झोपड़ी या फिर अहिल्या का श्राप।

अन्याय को मिटाने की किष्किंधा की लड़ाई,
पुल से पुल बांधकर की लंका की चढ़ाई।

युग-युग तक रहेगा, हर दिल में उनका नाम,
हैं वो पराक्रमी, हम सबके मर्यादा पुरुषोत्तम राम।

68. फ़ासले

फ़ासले बढ़ते गए,
ज़िन्दगी सिमटती गई,
भीड़ की ख़ामोशी में
मैं रोती-बिलखती रही।

दर्द अंदर सहती रही,
बाहर हँसी बिखेरती रही,
रात की तन्हाई में,
ख़ुद से शिकायत करती रही।

कहाँ मेरी ग़लती रही,
क्यूँ मैं सज़ा पाती रही,
कैसे दिल को हल्का करूँ,
अपने आप से लड़ती रही।

69. दुविधा

उम्र के दोराहे पर खड़े,
बस यही सोचते रहे,
क्या खोया, क्या पाया,
वक़्त से बस लड़ते रहे।

कुछ हसरतें पूरी हुईं,
कुछ उम्मीदें करते रहे
जीवन की भेड़-चाल में,
हम भी बस चलते रहे।

ना मंज़िल की तलाश,
ना रास्तों का कुछ पता,
ये किस बियाबान में,
हम बेवज़ह भटकते रहे।

क्या आगे जाना है,
या यहीं थम जाना है,
इसी सोच-विचार में,
हम करवटें बदलते रहे।

70. अश्क

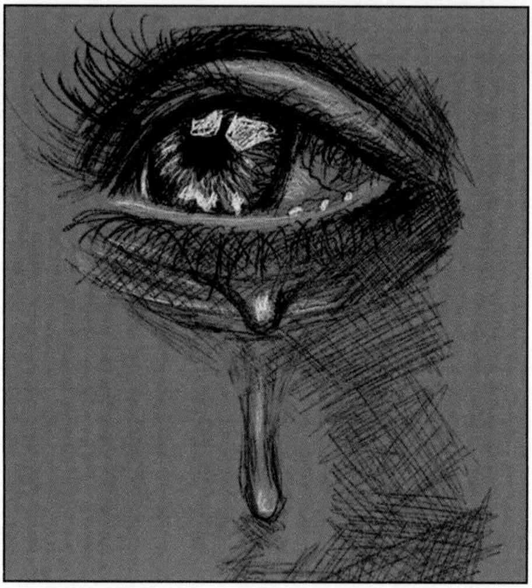

मेरी पलकों से निकलकर,
रुख़सार पर कैसे आ गए,
संभाल कर रखा था इन्हें,
फिर धोखा कैसे खा गए।

बहुत समझाया था इन्हें,
चेहरे पे हँसी बरक़रार रखना,
मुश्किलें कितनी भी आएँ,
ख़ुद से कभी ना हारना।

पर पैमाना अगर भर जाए,
तो छलक ही जाता है,
दिल को कोई कैसे समझाए,
अंधेरे के बाद उजाला आता है।

तो जीते-जी ना हिम्मत हार,
मन हारा तो सब हार जाएगा,
बचा के रख अपनी ज्वाला,
तेरा भी अच्छा समय आएगा।

लेखिका के बारे में

माया जाजू माहेश्वरी 1996 बैच की भारतीय राजस्व सेवा की अधिकारी हैं और वर्तमान में भोपाल में प्रधान आयकर आयुक्त के पद पर कार्यरत हैं। वे योग्यता से स्नातकोत्तर इंजीनियर हैं और दिल से कवि, चित्रकार और फ़िटनेस विशेषज्ञ। वर्ष 1988 में अविभाजित मध्य प्रदेश की 12वीं बोर्ड टॉपर होने के नाते, उन्हें गणतंत्र दिवस समारोह पर हमारे दिवंगत प्रधानमंत्री द्वारा सम्मानित किया गया था।

वह अपनी इंजीनियरिंग पूरी करने से पहले ही प्रतिष्ठित ICWA (भारतीय लागत और कार्य लेखा संस्थान) परीक्षा पास करने वाली सबसे कम उम्र की पेशेवरों में से एक थीं। उन्होंने वर्ष 1992 में U.P.S.C द्वारा आयोजित भारतीय इंजीनियरिंग सेवा (I.E.S) परीक्षा में A.I.R 11 और वर्ष 1996 में सिविल सेवा परीक्षा में A.I.R 60 रैंक हासिल की। सिविल सेवा फाउंडेशन कोर्स के दौरान उन्हें सर्वश्रेष्ठ ऑल राउंड प्रदर्शन के लिए स्वर्ण पदक से सम्मानित किया गया। उन्होंने बरकतुल्लाह विश्वविद्यालय, भोपाल में 3 वर्षीय L.L.B कोर्स में भी वर्ष 2021 में टॉप किया। उन्होंने अपने करियर में 5 साल की अवधि के दौरान आयकर विभाग में विशेष रूप से केंद्रीय प्रभार (छापे के मामलों का आकलन) में कई संवेदनशील प्रभार संभाले हैं।

आयकर उप-निदेशक के रूप में, उन्होंने कई छापा कार्रवाई सफलतापूर्वक की, जिसमें सर्वाधिक बेहिसाब संपत्ति ज़ब्त की गई और सरकारी राजस्व को काफ़ी हद तक बढ़ाया गया। उन्होंने 2006 से 2014 तक हैदराबाद में काम किया और अपने अपार नेतृत्व कौशल का परिचय देते हुए, काले धन का पता लगाने, अड़ियल बकाएदारों को दंडित करने और अच्छे करदाताओं को पुरस्कृत करने का सिलसिला जारी रखा। हैदराबाद में उनके द्वारा किए गए आयकर सर्वेक्षण को विभागीय प्रकाशन 'LET US SHARE' में सर्वश्रेष्ठ सर्वेक्षण के रूप में स्वीकार किया गया। उन्होंने वर्ष 2022-24 तक कमिशनर ऑफ़ इंकम टैक्स (TDS) के पद पर रहकर माइनिंग और ट्रांसपोर्ट के क्षेत्र में करोड़ों की टैक्स चोरी उजागर की। उन्होंने मध्य प्रदेश में पहली बार भारत

सरकार के DoPT के मिश्रित प्रशिक्षण कार्यक्रम इंडक्शन ट्रेनिंग (COMMIT) पर व्यापक ऑनलाइन संशोधित मॉड्यूल सफलतापूर्वक लागू किया। वह 88 प्रोबेशनर्स के साथ सिविल सेवा फाउंडेशन कोर्स की कोर्स डायरेक्टर भी थीं और उन्होंने राज्य सरकार के वरिष्ठ अधिकारियों के लिए मिड करियर ट्रेनिंग प्रोग्राम का सफलतापूर्वक आयोजन किया।

उन्होंने हाल ही में 21 हाफ़ मैराथन पूरी की हैं और आगे भी करने की उम्मीद करती हैं। उनके द्वारा बनाई गई मधुबनी और गोंड पेंटिंग उनके अल्मा मेटर, नेशनल एकेडमी ऑफ़ डायरेक्ट टैक्सेज, नागपुर में सांस्कृतिक उत्सव में प्रदर्शित की गई थीं। वह एक कवि भी हैं और हाल ही में उन्हें हिंदी साहित्य में उनके योगदान के लिए केन्द्रीय वित्त मंत्री का प्रशंसा प्रमाण पत्र मिला है।

उन्हें प्रत्यक्ष कर के क्षेत्र में प्रशंसनीय योगदान, विशिष्ट कर्तव्य निष्ठा एवं प्रतिबद्धता के लिए प्रधान मुख्य आयकर आयुक्त, मध्य प्रदेश एवं छत्तीसगढ़ द्वारा सराहनीय सेवा प्रमाण-पत्र 2024 से नवाज़ा गया।